DINOSAURIOS DEPREDADORES

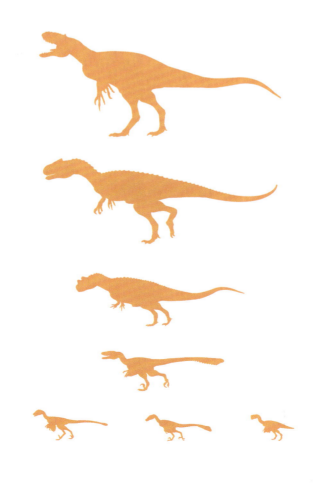

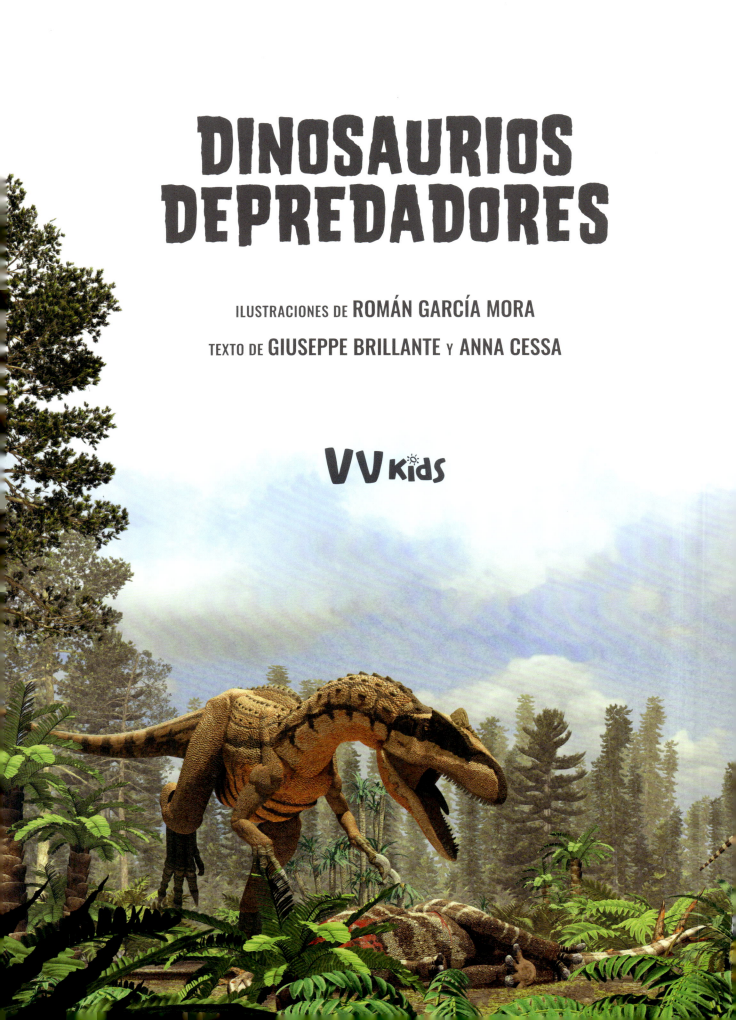

DINOSAURIOS DEPREDADORES

ILUSTRACIONES DE **ROMÁN GARCÍA MORA**

TEXTO DE **GIUSEPPE BRILLANTE** Y **ANNA CESSA**

VV kids

ÍNDICE

INTRODUCCIÓN	7
TIRANOSAURIO REX	10
TROODON	16
GIGANOTOSAURIO	18
ALOSAURIO	20
CERATOSAURIO	22
YUTYRANNUS	24
OVIRRAPTOR	28
DEINONYCHUS	30
ESPINOSAURIO	32
VELOCIRRAPTOR	34

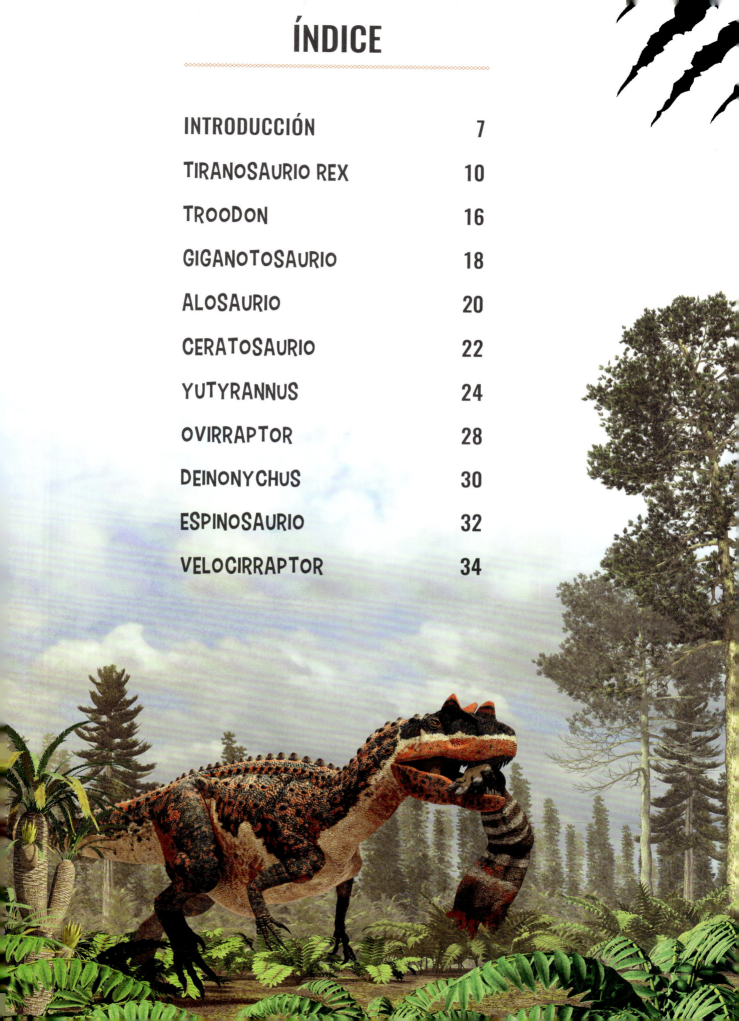

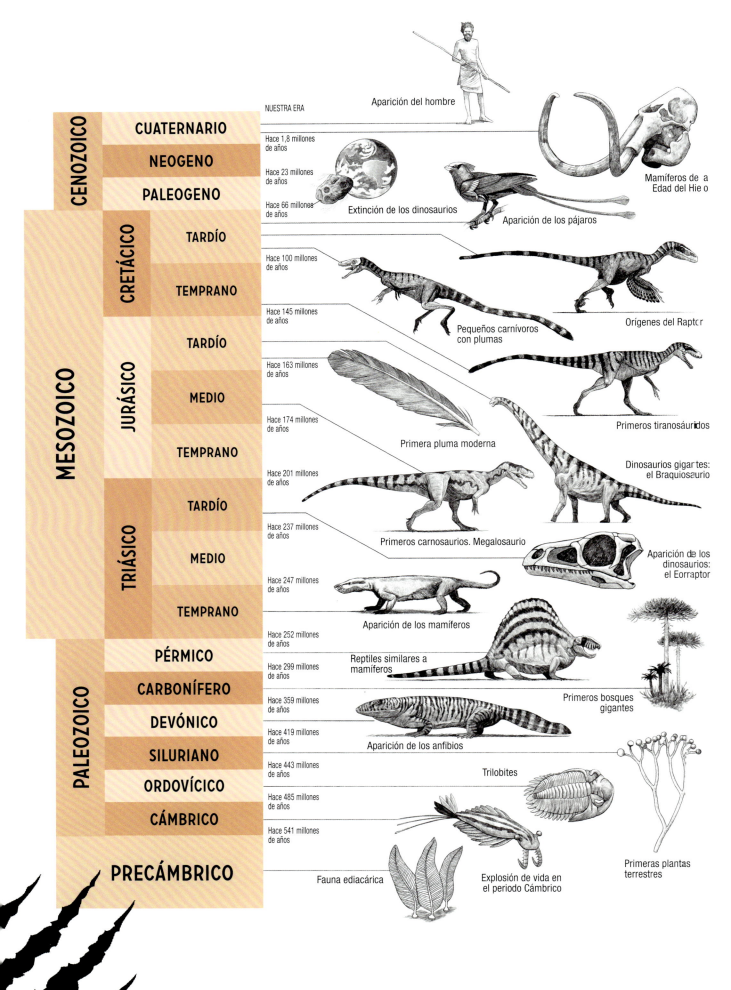

DEPREDADORES LETALES

DURANTE MUCHO TIEMPO, LOS **DINOSAURIOS** FUERON LOS AMOS INDISCUTIBLES DEL PLANETA. COMENZARON A EVOLUCIONAR A PARTIR DE LOS REPTILES PRIMITIVOS EN EL TRIÁSICO, UNA ERA GEOLÓGICA QUE TUVO LUGAR HACE ENTRE 250 Y 210 MILLONES DE AÑOS. EL REINADO DE ESTOS ANIMALES GIGANTESCOS SE INICIÓ EN EL **JURÁSICO** Y SU DOMINIO EN LA TIERRA SE MANTUVO HASTA FINALES DEL **CRETÁCICO**. A LO LARGO DE CASI 150 MILLONES DE AÑOS, LOS DINOSAURIOS CRECIERON, SE DIVERSIFICARON Y SE HICIERON CADA VEZ MÁS NUMEROSOS..., **HASTA QUE UN DÍA DESAPARECIERON.**

¿QUÉ CAUSÓ LA EXTINCIÓN DE LOS DINOSAURIOS? PROBABLEMENTE, EL CULPABLE FUE UN GRAN METEORITO QUE, HACE 65 MILLONES DE AÑOS, CHOCÓ CON LA TIERRA A UNA VELOCIDAD DE 30 KILÓMETROS POR SEGUNDO. LA TERRIBLE ONDA EXPANSIVA Y LA MORTÍFERA LLUVIA DE ROCAS PRODUCIDAS POR ESTE IMPACTO ARRASARON UN RADIO DE CIENTOS DE KILÓMETROS A LA REDONDA. DESPUÉS, UNA ESPESA CAPA DE POLVO CUBRIÓ LA ATMÓSFERA Y CONDENÓ AL PLANETA TIERRA AL FRÍO Y LA OSCURIDAD. LOS PRIMEROS EN MORIR FUERON LOS DINOSAURIOS HERBÍVOROS. LUEGO LES SIGUIERON SUS DEPREDADORES, HASTA QUE AL FINAL NO QUEDÓ NI UN SOLO DINOSAURIO VIVO.

LOS SERES HUMANOS DESCUBRIERON LA EXISTENCIA DE ESTOS ANIMALES GRACIAS A UNAS CUANTAS PISTAS. EN 1822, EL HALLAZGO CASUAL DE UNOS FRAGMENTOS DE HUESOS Y DIENTES EN INGLATERRA ABRIÓ INESPERADAMENTE UN PORTAL HACIA ESTE FASCINANTE PASADO REMOTO. A PARTIR DE ESE MOMENTO SE DESATÓ LA **DINOSAURIOMANÍA**.

PARA LA MAYORÍA DE LA GENTE, ESTAS BESTIAS ENORMES PARECÍAN SALIDAS DE LA MENTE FANTASIOSA DE UN ESCRITOR. LOS «**LAGARTOS TERRIBLES**», COMO LOS LLAMÓ EL PALEONTÓLOGO RICHARD OWEN EN 1841, ERAN COMO LOS MONSTRUOS DE UNA PESADILLA O LOS DRAGONES DE LAS LEYENDAS MEDIEVALES. HASTA CIERTO PUNTO, TODAVÍA NOS LO SIGUEN PARECIENDO HOY.

Y ES QUE ¿QUIÉN NO HA SENTIDO UN ESCALOFRÍO FRENTE AL ESQUELETO DE UN **TIRANOSAURIO REX** RECONSTRUIDO A TAMAÑO REAL EN UN MUSEO? ¿CÓMO NO VAN A SOBRECOGERNOS SUS TEMIBLES GARRAS Y SUS FAUCES FEROCES?

PERO ¿CUÁNTAS ESPECIES DE **DINOSAURIO** EXISTIERON? HASTA EL PRESENTE LOS PALEONTÓLOGOS HAN IDENTIFICADO UNAS OCHOCIENTAS ESPECIES DE MUY DIVERSO TIPO. ASÍ, ALGUNOS **DINOSAURIOS** ERAN TAN PEQUEÑOS COMO UN CONEJO, MIENTRAS QUE OTROS MEDÍAN MÁS DE 45 METROS. CON TODO, **LOS DESCUBRIMIENTOS SIGUEN SUCEDIÉNDOSE DE FORMA IMPARABLE**, POR LO QUE LOS ESPECIALISTAS TODAVÍA TIENEN MUCHO TRABAJO POR DELANTE.

GRACIAS A ESTOS **CONTINUOS HALLAZGOS**, CADA VEZ SABEMOS MÁS DE LOS DINOSAURIOS: CÓMO SE DESPLAZABAN Y CÓMO CAZABAN, CÓMO CUIDABAN DE SUS CRÍAS Y CON QUÉ ESPECIES COMPARTÍAN SU HÁBITAT. PIEZA A PIEZA, LOS PALEONTÓLOGOS ESTÁN RECONSTRUYENDO EL ENIGMÁTICO MOSAICO DE SU EXISTENCIA.

DE TODOS LOS **DINOSAURIOS**, LOS MÁS ADMIRADOS SON LOS DEPREDADORES CARNÍVOROS. ADEMÁS DEL POPULARÍSIMO **TIRANOSAURIO REX**, HABÍA OTROS DINOSAURIOS ENORMES COMO EL **ESPINOSAURIO**, CUYO TAMAÑO ERA SIMILAR AL DE UN TRÁILER DE DIECIOCHO RUEDAS. ALGUNOS ESTABAN CUBIERTOS DE PLUMAS, COMO EL **VELOCIRRAPTOR**. Y OTROS, COMO EL **CERATOSAURIO**, TENÍAN UNA APARIENCIA REALMENTE EXTRAÑA.

EN LAS PÁGINAS QUE SIGUEN CONTAREMOS SU HISTORIA.

DINOSAURIOS DEPREDADORES

TIRANOSAURIO REX

DÓNDE VIVIÓ:
América del Norte

DÓNDE SE HAN ENCONTRADO SUS PRINCIPALES FÓSILES:
Dakota del Sur (EE UU)

CUÁNDO VIVIÓ:
Hace entre 67 y 65 millones de años, hacia el final del Cretácico

TAMAÑO:
Hasta 12 metros de longitud y 5 metros de altura

PESO:
Hasta 7 toneladas

El Tiranosaurio Rex es **el dinosaurio más popular**. Incluso se ha convertido en una estrella cinematográfica que hace las delicias de los espectadores en películas como *Parque Jurásico*, *Noche en el museo* o *Toy Story*. Y es que el Tiranosaurio Rex, cuyo nombre significa **«REY LAGARTO TIRANO»**, era un depredador extraordinario y uno de los mayores carnívoros que han existido en nuestro planeta. Con todo, los paleontólogos llevan mucho tiempo intentando averiguar **cómo obtenía alimentos**.

Los paleontólogos se preguntan si cazaba él mismo sus presas o si, a causa de su lentitud, se veía obligado a aprovechar los cadáveres de otros dinosaurios que hallaba en su camino. Parece claro que el Tiranosaurio Rex **NO LE HACÍA ASCOS A LA CARROÑA**, al igual que muchos de los depredadores actuales. No obstante, en 2013 los investigadores de la Universidad de Kansas hicieron un **hallazgo sorprendente**: un diente de Tiranosaurio Rex inserto entre las vértebras de una cola fosilizada de Hadrosaurio. El Hadrosaurio era un gran dinosaurio herbívoro que tenía un pico parecido al de un pato.

Al analizar estos fósiles, los paleontólogos se dieron cuenta de que el Hadrosaurio consiguió sobrevivir al ataque del depredador. Por tanto, concluyeron que el Tiranosaurio Rex era un **CAZADOR**. Daba zancadas de cuatro metros, aunque su peso desmesurado le impedía perseguir a las presas a lo largo de distancias largas. Seguramente acechaba a sus víctimas y se abalanzaba sobre ellas cuando las veía desprevenidas.

DINOSAURIOS DEPREDADORES 11

TIRANOSAURIO REX

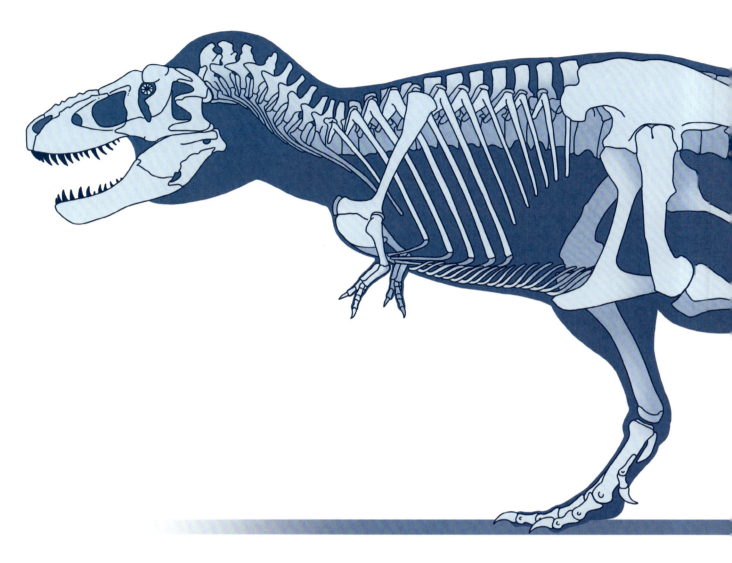

El Tiranosaurio Rex se alimentaba sobre todo de dinosaurios herbívoros y podía ingerir **más de doscientos kilos de carne de un solo bocado**. La potencia de sus mandíbulas era tal que los dientes llegaban hasta los huesos de sus víctimas y los trituraban. Sus fuertes patas y su robusta cola le servían para equilibrar el enorme peso de la cabeza, que medía más de metro y medio. Pero, por encima de todo, el Tiranosaurio Rex tenía una **boca** que aterrorizaba a los animales más feroces: podía abrirla hasta formar casi un ángulo recto. Además, estaba provista de **cincuenta dientes de dieciocho centímetros cada uno**, verdaderas armas letales con las que desgarraba a sus presas.

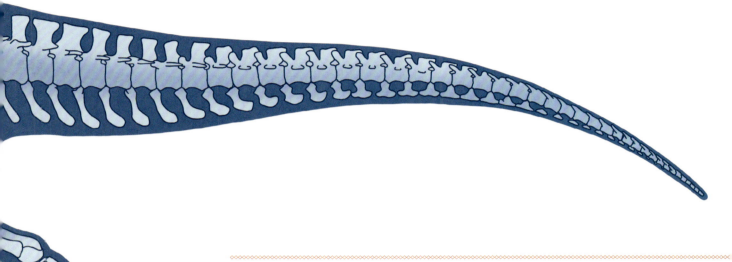

EL ESQUELETO DE TIRANOSAURIO REX MÁS GRANDE, COMPLETO (90 % DE LA OSAMENTA) Y MEJOR CONSERVADO QUE CONOCEMOS RECIBIÓ EL NOMBRE DE «SUE» EN HONOR A SU DESCUBRIDORA, SUE HENDRICKSON, UNA PALEONTÓLOGA AFICIONADA QUE EN 1990 DIO CON ÉL EN UNA RESERVA INDIA DE DAKOTA DEL SUR.

EL ESQUELETO MEDÍA ALGO MÁS DE DOCE METROS DE LARGO Y TRES DE ALTO. LOS EXPERTOS TARDARON MÁS DE 30 000 HORAS EN RECONSTRUIR Y ENSAMBLAR SUS 250 HUESOS. UN ANÁLISIS DEL ESQUELETO REVELÓ QUE EL ANIMAL MURIÓ A LOS 28 AÑOS, EDAD CONSIDERABLE PARA UN TIRANOSAURIO REX. ACTUALMENTE SUE ESTÁ EN EL MUSEO FIELD DE HISTORIA NATURAL DE CHICAGO, QUE PAGÓ POR ÉL LA INCREÍBLE CANTIDAD DE SIETE MILLONES DE EUROS.

DINOSAURIOS DEPREDADORES

TROODON

DÓNDE VIVIÓ:
América del Norte

DÓNDE SE HAN ENCONTRADO SUS PRINCIPALES FÓSILES:
Montana (EE UU), Alberta (Canadá)

CUÁNDO VIVIÓ:
Hace entre 76 y 70 millones de años

TAMAÑO:
2 metros de longitud y hasta 1,5 metros de altura

PESO:
Entre 40 y 50 kilos

Cuando en 1985 descubrieron los primeros fósiles de Troodon, los paleontólogos enseguida se dieron cuenta de que era un **dinosaurio especial**. Medía casi dos metros, y sus patas delanteras contaban con unos **DEDOS PRENSILES** que le ayudaban a atrapar a sus presas. También tenía unos **OJOS MUY GRANDES**, propios de los **CAZADORES NOCTURNOS**. No obstante, la parte más impresionante del Troodon es el cráneo. Y es que su **cerebro** es **tres veces mayor** que el de cualquier otro dinosaurio catalogado.

Si no hubiera tenido lugar la **extinción masiva** que acabó con los dinosaurios, el Troodon quizá habría evolucionado hasta convertirse en una criatura cada vez **más compleja**.

Según el paleontólogo Dale Russell, el dinosaurio Troodon habría evolucionado hasta transformarse en una **CRIATURA INTELIGENTE, casi tanto como los seres humanos**. Se habría convertido en un animal de sangre caliente, con el **cuerpo cubierto de escamas**, y andaría erguido, sobre dos patas. Con el tiempo, **habría perdido la cola de reptil**. Para **alimentar a sus crías**, regurgitaría la comida. Por último, su gran cráneo redondeado le habría permitido desarrollar una **FORMA AVANZADA DE LENGUAJE**. Asimismo, su presencia habría impedido que los seres humanos poblaran el planeta.

LOS PALEONTÓLOGOS CONOCEN A LA PERFECCIÓN EL ASPECTO DE ESTE DINOSAURIO GRACIAS AL DESCUBRIMIENTO DE MÁS DE VEINTE EJEMPLARES DE TROODON. EN MONTANA (EE UU) INCLUSO APARECIERON ALGUNOS HUEVOS FOSILIZADOS DE ESTE DINOSAURIO CON SU CARACTERÍSTICA FORMA ALARGADA. LO MÁS SORPRENDENTE ES QUE LOS HUEVOS AÚN TENÍAN EN SU INTERIOR LOS EMBRIONES DE LAS CRÍAS DE TROODON PERFECTAMENTE CONSERVADOS.

DINOSAURIOS DEPREDADORES

GIGANOTOSAURIO

DÓNDE VIVIÓ:
América del Sur

DÓNDE SE HAN ENCONTRADO SUS PRINCIPALES FÓSILES:
Patagonia (Argentina)

CUÁNDO VIVIÓ:
Hace 97 millones de años

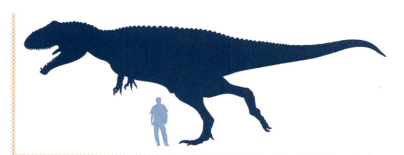

TAMAÑO:
Hasta 14 metros de longitud y 7 metros de altura

PESO:
8 toneladas

El Giganotosaurio era un auténtico gigante prehistórico, más grande incluso que el **Tiranosaurio Rex**. De hecho, los paleontólogos lo consideraban **EL MAYOR DINOSAURIO CARNÍVORO** hasta que el **Espinosaurio** lo desplazó al segundo lugar. El Giganotosaurio caminaba sobre sus fuertes patas traseras y se servía de la cola para mantener el equilibrio. El hábitat natural de este dinosaurio era el sur del continente americano, de ahí su nombre, que significa «**LAGARTO GIGANTE DEL SUR**».

Según los paleontólogos, el Giganotosaurio tenía algunos atributos francamente extraños. Aunque la cabeza podía sobrepasar el metro y medio de longitud, sus mandíbulas eran mucho menos potentes que las del Tiranosaurio Rex. Le resultaba difícil matar a sus presas, así que seguramente actuaba como una especie de **GIGANTESCO CAMIÓN DE LA BASURA** y comía carroña, como hacen las hienas. Asimismo, es probable que cazara en manada. Pero el Giganotosaurio tenía otro problema: **NO ERA ESPECIALMENTE INTELIGENTE**. Y es que su gigantesca cabeza albergaba un **cerebro muy pequeño**: al parecer, ¡ni siquiera superaba el tamaño de un pepino!

CONOCEMOS AL GIGANOTOSAURIO GRACIAS A RUBÉN CAROLINI, UN MECÁNICO ARGENTINO AFICIONADO A LA PALEONTOLOGÍA. EL 25 DE JULIO DE 1993, MIENTRAS BUSCABA FÓSILES EN LA PROVINCIA DE NEUQUÉN (LA PATAGONIA), CAROLINI DESENTERRÓ EL ESQUELETO CASI COMPLETO DE UN GIGANOTOSAURIO. A LA HORA DE BAUTIZAR A ESTE EXTRAORDINARIO ANIMAL, LOS PALEONTÓLOGOS LO LLAMARON «GIGANOTOSAURUS CAROLINII» EN HONOR DE SU DESCUBRIDOR.

DINOSAURIOS DEPREDADORES

ALOSAURIO

DÓNDE VIVIÓ:
América del Norte, Portugal

DÓNDE SE HAN ENCONTRADO SUS PRINCIPALES FÓSILES:
Wyoming, Colorado (EE UU)

CUÁNDO VIVIÓ:
Hace entre 155 y 145 millones de años

TAMAÑO:
Hasta 12 metros de longitud y 4 metros de altura

PESO:
2 toneladas

Imagínate la escena: un Alosaurio persigue a un Apatosaurio a toda velocidad. El cazador está a punto de atrapar a su presa, pero justo en ese momento la imagen se congela. ¿El Alosaurio se habría salido con la suya? Nunca lo sabremos, puesto que este **drama prehistórico** acaecido en Texas se reconstruyó a partir de las **HUELLAS FOSILIZADAS** (icnitas) que dejaron impresas ambos animales en las rocas.

Sin embargo, el Apatosaurio apenas si tenía alguna posibilidad de salvarse. Y es que al Alosaurio le precedía la reputación de **cazador implacable**. Este dinosaurio **era el carnívoro más común** del Jurásico tardío en el territorio que hoy se corresponde con América de Norte. Y sabemos cómo eran gracias a los **dos esqueletos casi completos** de Alosaurio que se preservan. Uno de ellos, el «GRAN AL», perteneció a un dinosaurio joven de unos ocho metros de longitud que hoy se expone en el Museo Geológico de la Universidad de Wyoming. Sus huesos conservan las **cicatrices de unas catorce heridas**, una de las cuales, situada en la pata derecha, se infectó. Este Alosaurio sobrevivió durante algún tiempo, pero, como era incapaz de correr y cazar, **ACABÓ MURIENDO DE HAMBRE Y AGOTAMIENTO**.

LOS ALOSAURIOS CAZABAN GRANDES DINOSAURIOS HERBÍVOROS. LOS PALEONTÓLOGOS HAN ENCONTRADO DIVERSAS PRUEBAS DE LAS LUCHAS A MUERTE QUE MANTENÍAN ESTOS ANIMALES. UNA DE ELLAS ES UNA COLA DE ALOSAURIO DAÑADA POR LAS PÚAS DE UN ESTEGOSAURIO. OTRA, UN HUESO DEL CUELLO DE UN ESTEGOSAURIO HERIDO POR LA MORDEDURA DE UN ALOSAURIO.

DINOSAURIOS DEPREDADORES

CERATOSAURIO

DÓNDE VIVIÓ:
América del Norte, Europa, África

DÓNDE SE HAN ENCONTRADO SUS PRINCIPALES FÓSILES:
Utah, Colorado (EE UU), Portugal, Tanzania

CUÁNDO VIVIÓ:
Hace entre 156 y 145 millones de años

TAMAÑO:
Hasta 6 metros de longitud y 2 metros de altura

PESO:
900 kilos

Con **sus cuernos y placas**, el Ceratosaurio parecía un **DRAGÓN** salido de las leyendas medievales. Hasta ahora los paleontólogos no han encontrado ningún esqueleto completo de este animal, si bien han podido reconstruir su aspecto a partir de algunos fósiles procedentes de Estados Unidos. El Ceratosaurio tenía unas **EXTRAÑAS PROTUBERANCIAS** en la cabeza: un cuerno bastante grande en la nariz y otros dos cuernos en la frente. Precisamente a esta singularidad se debe su nombre: «**lagarto con cuernos**».

Pero ¿para qué servían esas protuberancias? Según algunos paleontólogos, eran una suerte de **arma** que el Ceratosaurio empleaba contra los miembros de su misma especie y otros depredadores. Según otros, los cuernos le servían para **atraer a las hembras** cuando llegaba la época del apareamiento.

De acuerdo con esta segunda hipótesis, es probable que el **cuerno nasal** del Ceratosaurio tuviera un **COLOR VISTOSO**. Por otra parte, su cola larga y flexible le permitía **NADAR ÁGILMENTE**, como los cocodrilos actuales, por lo que cazaba a sus presas tanto en el agua como en tierra firme. Al parecer, el Ceratosaurio era una **presa común del Alosaurio**, otro gran carnívoro de finales del Jurásico.

OTRA HIPÓTESIS SOBRE LA FUNCIÓN DEL CUERNO NASAL DEL CERATOSAURIO ES QUE LAS CRÍAS LO USARAN PARA ROMPER LA CÁSCARA DEL HUEVO CUANDO TENÍAN QUE ABANDONARLO. LAS CRÍAS DE CERATOSAURIO ERAN PRECOCES: APRENDÍAN A NADAR MUY PRONTO Y ABANDONABAN EL NIDO POCO DESPUÉS DE NACER.

DINOSAURIOS DEPREDADORES 23

YUTYRANNUS

DÓNDE VIVIÓ:
China

DÓNDE SE HAN ENCONTRADO SUS PRINCIPALES FÓSILES:
Provincia de Liaoning (nordeste de China)

CUÁNDO VIVIÓ:
Hace 125 millones de años

TAMAÑO:
9 metros de longitud
y 3 metros de altura

PESO:
1400 kilos

El hallazgo del Yutyrannus, que data de 2012, supuso el descubrimiento del **MAYOR ANIMAL CON PLUMAS** que ha pisado la faz de la Tierra. Era pariente cercano del Tiranosaurio Rex y, aunque más pequeño que este, **su tamaño se asemejaba al de un autobús**. Bajo su llamativo manto de plumas se escondía un **DEPREDADOR** que corría velozmente sobre las dos patas traseras. No en vano su nombre, compuesto por una palabra china y otra proveniente del latín, significa **«bello tirano con plumas»**. Con todo, el Yutyrannus no podía volar. Sus plumas, simples filamentos, eran más parecidas al plumón de un pollito que al firme y rígido plumaje de un pájaro adulto.

Es probable que las plumas ayudaran al Yutyrannus a **mantener el calor del cuerpo**. Este dinosaurio vivió a principios del Cretácico, periodo en que el **CLIMA** era relativamente **FRÍO**: la temperatura media estaba en torno a los 10 grados. De todos modos, no hay que descartar la posibilidad de que el plumaje **le ayudara a confundirse con el entorno** y a pasar inadvertido tanto para sus enemigos como para las presas a las que acechaba. O que constituyese un vistoso recurso para **ATRAER A LAS HEMBRAS** durante la época de celo.

EL DESCUBRIMIENTO DE ESTE GRAN DINOSAURIO CON PLUMAS LLEVÓ A LOS PALEONTÓLOGOS A PLANTEARSE UNA CURIOSA PREGUNTA: ¿ES POSIBLE QUE EL TIRANOSAURIO REX TAMBIÉN LAS TUVIERA? ALGUNOS PALEONTÓLOGOS CREEN QUE ERA ASÍ DURANTE SU JUVENTUD Y QUE EL PLUMAJE DESAPARECÍA CON LA EDAD ADULTA. SEA COMO FUERE, LOS CIENTÍFICOS NO DESCARTAN QUE EL TEMIBLE TIRANOSAURIO REX TAMBIÉN ESTUVIERA DOTADO DE PLUMAS.

DINOSAURIOS DEPREDADORES

OVIRRAPTOR

DÓNDE VIVIÓ:
Mongolia

DÓNDE SE HAN ENCONTRADO SUS PRINCIPALES FÓSILES:
Desierto de Gobi (Mongolia)

CUÁNDO VIVIÓ:
Hace 75 millones de años

TAMAÑO:
Hasta 2,5 metros de longitud y 1 metro de altura

PESO:
Entre 25 y 30 kilos

Durante bastante tiempo, los paleontólogos tildaron al Ovirraptor de **ladrón**. Esta mala reputación comenzó a forjarse cuando, hace un siglo, los especialistas desenterraron unos fósiles de Ovirraptor junto a algunos huevos que, al parecer, el dinosaurio se había apropiado. De ahí su nombre, que significa «**LADRÓN DE HUEVOS**». Sin embargo, en 1993, durante una excavación en el desierto de Gobi, se descubrió que este dinosaurio no solo no robaba los huevos de otras especies, sino que cuidaba de los suyos con celo y que las hembras, en particular, eran unas **MADRES AMOROSAS**. La clave para limpiar la reputación del Ovirraptor es un ejemplar que murió hace 80 millones de años mientras intentaba proteger su nido de **una tormenta de arena**.

El retrato robot del Ovirraptor demuestra que este dinosaurio parecía un **GRAN AVESTRUZ**. Era casi tan alto como un ser humano y se movía velozmente sobre sus dos patas traseras. Tenía una **CRESTA** en la cabeza semejante a la de algunos pájaros y, en vez de dientes, un **pico** que usaba como una **AFILADA GARRA**; probablemente se servía de ella para romper la concha de los crustáceos y cazar pequeños reptiles. Además, las manos del Ovirraptor contaban con **tres dedos** acabados en unas **garras curvas** muy afiladas y de unos ocho centímetros de largo.

EL OVIRRAPTOR ES UNO DE LOS DINOSAURIOS QUE MÁS SE PARECEN A LAS AVES. NO SOLO TENÍA PICO Y CARECÍA DE DIENTES, SINO QUE PROBABLEMENTE ESTABA CUBIERTO DE PLUMAS, COMO MUCHOS OTROS DINOSAURIOS CARNÍVOROS DEL CRETÁCICO TARDÍO. SU PLUMAJE NO LE PERMITÍA VOLAR, SI BIEN LE SERVÍA PARA CONSERVAR LA TEMPERATURA CORPORAL. COMO SUCEDE CON LOS FAISANES O LOS PAVOS REALES, EMPLEABA LAS PLUMAS DE LA COLA PARA ATRAER A LAS HEMBRAS.

DINOSAURIOS DEPREDADORES

DEINONYCHUS

DÓNDE VIVIÓ:
América del Norte

DÓNDE SE HAN ENCONTRADO SUS PRINCIPALES FÓSILES:
Montana, Wyoming, Oklahoma (EE UU)

CUÁNDO VIVIÓ:
Hace entre 118 y 110 millones de años

TAMAÑO:
De 2 a 4 metros de longitud y hasta 1,5 metros de altura

PESO:
Entre 45 y 75 kilos

DEINONYCHUS significa «**GARRA TERRIBLE**». En agosto de 1964, durante unas excavaciones en Montana (EE UU), dos paleontólogos repararon en **UNA ROCA CON UNA ENORME GARRA INCRUSTADA**. Se pusieron a trabajar y al cabo de unos días habían desenterrado los restos de un animal insólito. Era un dinosaurio pequeño, sin duda carnívoro, que caminaba sobre las dos patas traseras y se servía de su larga y robusta cola para mantener el equilibrio.

El Deinonychus tenía una garra fina y afilada de entre 10 y 15 centímetros de largo en el segundo dedo de las manos traseras. La usaba como un **arma mortífera**: antes de saltar sobre sus presas, las hería con ella. También su boca, con más de **SETENTA DIENTES**, era un arma poderosa, pues sus **dentelladas eran tan fuertes como las de un caimán**. El Deinonychus era, en fin, un depredador rápido y ágil que debía de consumir mucha energía. Este último aspecto atañe al debate que desde hace tiempo mantienen los paleontólogos: ¿eran los dinosaurios animales de sangre fría o de sangre caliente? Si eran reptiles (el término **DINOSAURIO** significa «**LAGARTO TERRIBLE**»), tenían la sangre fría y su temperatura corporal estaba determinada por la temperatura ambiente.

Además, los reptiles son lentos y torpes, y necesitan tomar el sol para calentarse antes de poder pasar a la acción. Sin embargo, el Deinonychus era capaz de maniobrar rápidamente durante la caza (podía correr hasta **50 km/h**) y su comportamiento se asemejaba al de los mamíferos y las aves, que son animales de sangre caliente. El debate sigue abierto, si bien los científicos parecen convencidos de que **LOS DINOSAURIOS MÁS PEQUEÑOS** eran casi con toda seguridad **ANIMALES DE SANGRE CALIENTE**.

¿CÓMO PODÍAN CORRER LOS DEINONYCHUS CON ESAS AFILADAS GARRAS EN FORMA DE HOZ? SEGÚN LOS PALEONTÓLOGOS, LAS LEVANTABAN HACIA ATRÁS PARA QUE NO TOCARAN EL SUELO, MIENTRAS SE DESPLAZABAN. LUEGO LAS DEVOLVÍAN A SU POSICIÓN ORIGINAL, LISTAS PARA UTILIZARLAS COMO UN AFILADO CUCHILLO CONTRA SUS PRESAS.

DINOSAURIOS DEPREDADORES

ESPINOSAURIO

DÓNDE VIVIÓ:
Norte de África

DÓNDE SE HAN ENCONTRADO SUS PRINCIPALES FÓSILES:
Egipto y Marruecos

CUÁNDO VIVIÓ:
Hace 95 millones de años

TAMAÑO:
15 metros de longitud y hasta 5 metros de altura

PESO:
7 toneladas

El Espinosaurio era un **depredador gigantesco**, el mayor carnívoro que ha habido en el planeta. Medía unos quince metros y **pesaba más que un tráiler de dieciocho ruedas**. Sus **MANDÍBULAS, DE UN METRO DE LARGO**, tenían unos dientes cónicos y afilados similares a los de un cocodrilo.

Las descomunales dimensiones del Espinosaurio eran tan extraordinarias como sus costumbres: fue el único dinosaurio que se adaptó a la **vida acuática**. Hace unos 95 millones de años **NADABA EN LOS RÍOS** del norte de África en busca de peces gigantes, que atrapaba con las **enormes garras** de sus patas delanteras. Para moverse se servía de las **patas traseras**, que probablemente eran **palmeadas**. En la espalda tenía una **GRAN VELA CON UNAS LARGAS ESPINAS** de hasta 2 metros de altura. La vela quizá fuera un reclamo para **atraer a las hembras** o un método disuasorio para impedir que otros dinosaurios entraran en su territorio.

ENTRE 1910 Y 1914, EL PALEONTÓLOGO ERNST FREIHERR STROMER DESCUBRIÓ LOS DOS ESQUELETOS MÁS IMPORTANTES DE ESPINOSAURIO CATALOGADOS. SE DEPOSITARON EN EL MUSEO DE MÚNICH, PERO, DURANTE LA SEGUNDA GUERRA MUNDIAL, TANTO EL MUSEO COMO LOS FÓSILES FUERON DESTRUIDOS POR UN BOMBARDEO. POR FORTUNA, HACE UNOS AÑOS LOS PALEONTÓLOGOS ENCONTRARON NUEVOS FÓSILES DE ESPINOSAURIO, EL MÁS DESTACADO DE LOS CUALES SE CONSERVA EN EL MUSEO DE HISTORIA NATURAL DE MILÁN. GRACIAS A ESTOS FÓSILES, LOS CIENTÍFICOS HAN PODIDO AVERIGUAR COMO VÍVIA ESTE GIGANTE Y QUÉ ASPECTO TENÍA.

DINOSAURIOS DEPREDADORES 33

VELOCIRRAPTOR

DÓNDE VIVIÓ:
Mongolia

DÓNDE SE HAN ENCONTRADO SUS PRINCIPALES FÓSILES:
Desierto de Gobi (Mongolia)

CUÁNDO VIVIÓ:
Hace entre 85 y 71 millones de años

TAMAÑO:
2 metros de largo
y 50 centímetros de altura

PESO:
15 kilos

Cuando los paleontólogos desenterraron aquel fósil en el desierto de Gobi no daban crédito a lo que veían sus ojos: estaban ante los **ESQUELETOS ENTRELAZADOS** de un Velocirraptor y un **Protoceratops** a los que sorprendió la muerte mientras luchaban. El Velocirraptor tenía firmemente sujeta la cabeza de su adversario con las **poderosas garras** de las patas traseras; el Protoceratops, a su vez, atenazaba la pata derecha del dinosaurio con el pico.

Pero ¿qué pudo ocurrir justo en aquel momento? Algunos investigadores pensaban que el Protoceratops herido, incapaz de desasirse de las garras del Velocirraptor, reunió fuerzas para arrastrarse hasta las aguas de una ciénaga, donde **AMBOS SE AHOGARON**.

Actualmente, sin embargo, los paleontólogos creen que el Velocirraptor y el Protoceratops quedaron sepultados a causa de un repentino **CORRIMIENTO DE TIERRA**. En cualquier caso, se conservaron así, unidos en un abrazo letal, durante ochenta millones de años. No es extraño, en consecuencia, que este fósil se haya convertido en uno de los más famosos del mundo.

DINOSAURIOS DEPREDADORES 35

VELOCIRRAPTOR

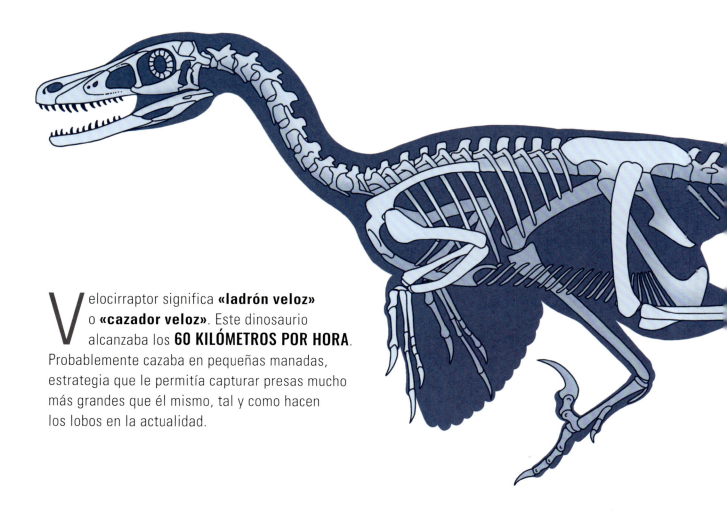

Velocirraptor significa **«ladrón veloz»** o **«cazador veloz»**. Este dinosaurio alcanzaba los **60 KILÓMETROS POR HORA**. Probablemente cazaba en pequeñas manadas, estrategia que le permitía capturar presas mucho más grandes que él mismo, tal y como hacen los lobos en la actualidad.

Aunque los Velocirraptores **suelen aparecer «sin plumas»** tanto en las películas como en los documentales, en el año 2007 los paleontólogos descubrieron en Mongolia un ejemplar cuyos huesos conservaban las marcas características que dejan las plumas. Los científicos han llegado a la conclusión de que el Velocirraptor **TENÍA LA COLA Y LAS PATAS DELANTERAS CUBIERTAS DE PLUMAS**. Aunque estas no le permitían volar, al menos le ayudaban a impulsarse cuando corría, así como a llamar la atención de las hembras en los rituales de apareamiento.

GRACIAS AL HUESO CARPIANO QUE FORMA PARTE DE LA MUÑECA, EL VELOCIRRAPTOR TENIA UNAS GARRAS PRENSILES. DE ESTE MODO CAPTURABA A SUS PRESAS CON MÁS FACILIDAD. LA FLEXIBILIDAD DE LA MUÑECA ES TAMBIÉN ESENCIAL PARA VOLAR, Y POR ESO NUMEROSOS EXPERTOS CREEN QUE EL VELOCIRRAPTOR DESCIENDE DE LAS AVES.

DINOSAURIOS DEPREDADORES

Apasionado desde niño por el arte y la ciencia, **ROMÁN GARCÍA MORA** se licenció en biología. Tras completar sus estudios, decidió unir sus dos grandes pasiones y se especializó en ilustración científica, concretamente en la reconstrucción paleontológica, sobre todo de dinosaurios. Román ha recibido varios premios internacionales en este campo. Asimismo, colabora con varias editoriales y revistas científicas ilustradas junto con otros investigadores de diversas instituciones españolas.

GIUSEPPE BRILLANTE es periodista y actualmente dirige las ediciones italianas de las revistas *BBC Science* y *BBC History*. Ha escrito artículos científicos y naturalistas, así como reportajes para diversos periódicos. Ha trabajado habitualmente en el campo de la paleontología y ha colaborado en el libro *Italian Dinosaurs*.

ANNA CESSA siempre ha sentido fascinación por la paleontología. Su área de especialización son las publicaciones científicas y naturalistas, colabora con *BBC History* y tiene muchos años de experiencia en la enseñanza.

Diseño Gráfico de **Valentina Figus**

Representación Gráfica de **Maria Cucchi**

VV Kids

La edición original de este libro ha sido creada y publicada por
White Star, s.r.l. Piazzale Luigi Cadorna, 6. 20123 Milan-Italy.
www.whitestar.it

White Star Kids® es una marca registrada propiedad de White Star s.r.l.
© 2017 White Star s.r.l.

© 2018 EDITORIAL VICENS VIVES, S.A. Sobre la presente edición.

Depósito legal: B. 28.685 LX
ISBN: 978-84-682-5525-5
N° de Orden V.V.: LL57

Reservados todos los derechos.
Prohibida la reproducción total o parcial.

Traducción española de Alberto Fuertes.